gallina

kana

gallo

kukko

pulcino

tipu

anatroccolo

ankanpoika

tacchino

kalkkuna

asino

aasi

cigno

joutsen

rana

sammakko

procione

pesukarhu

orso

karhu

scoiattolo

orava

mosca

kärpänen

coccinella

leppäkerttu

verme

mato

lumaca

etana

lumacone

etana

ape

mehiläinen

ragno

hämähäkki

scarabeo

kovakuoriainen

libellula

sudenkorento

leone

leijona

zebra

seepra

giraffa

kirahvi

rinoceronte

sarvikuono

serpente

käärme

zanzara

hyttynen

tartaruga marina

merikilpikonna

ippopotamo

virtahepo

alligatore

alligaattori

coccodrillo

krokotiili

squalo

hai

tricheco

mursu

pinguino

pingviini

orso polare

jääkarhu

foca

hylje

stella marina

meritähti

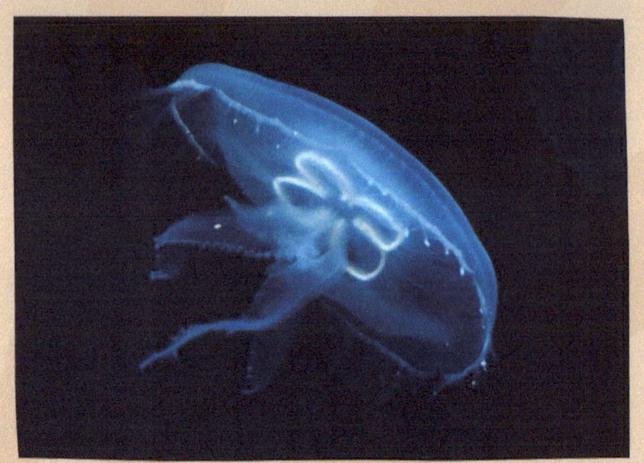

medusa

meduusa

conchiglie

simpukat

piuma

sulka

11

undici

yksitoista

12

dodici

kaksitoista

13

tredici

kolmetoista

14

quattordici

neljätoista

15

quindici

viisitoista

16

sedici

kuusitoista

17

diciassette

seitsemäntoista

18

diciotto

kahdeksantoista

19

diciannove

yhdeksäntoista

20

venti

kaksikymmentä

cuore

sydän

ovale

ovaali

freccia

nuoli

mezzaluna

puolikuu

curva

käyrä

spirale

spiraali

croce

rasti

zigzag

siksakki

arcobaleno

sateenkaari

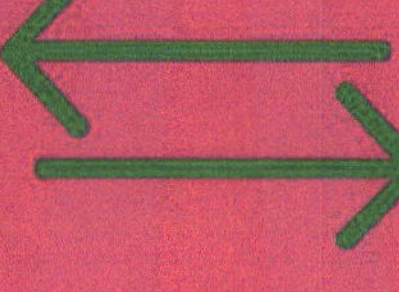

colori scuri

tummat värit

colori chiari

vaaleat värit

puntini

pisteitä

linea

viiva

basso

lyhyt

alto

pitkä

poco

vähän

tanto

paljon

pieno

täysi

vuoto

tyhjä

capelli ricci

kiharat hiukset

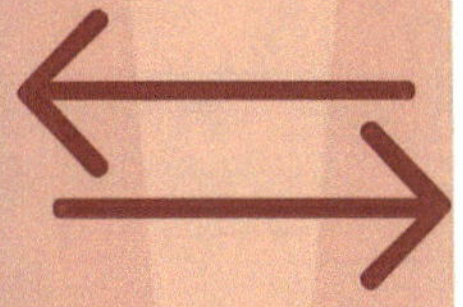

capelli lisci

suorat hiukset

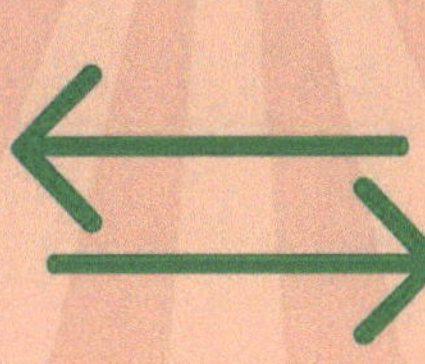

accettare

hyväksyä

rifiutare

kieltäytyä

identico

samanlainen

diverso

erilainen

asciutto

kuiva

bagnato

märkä

giocattoli

lelut

blocchi

palikat

palla

pallo

robot

robotit

lingua

kieli

naso

nenä

capelli

hiukset

baffi

viikset

dita

sormet

braccio

käsivarsi

ginocchio

polvi

gomito

kyynärpää

sorridere

hymyillä

baciare

suukko

piangere

itkeä

dolore

kipu

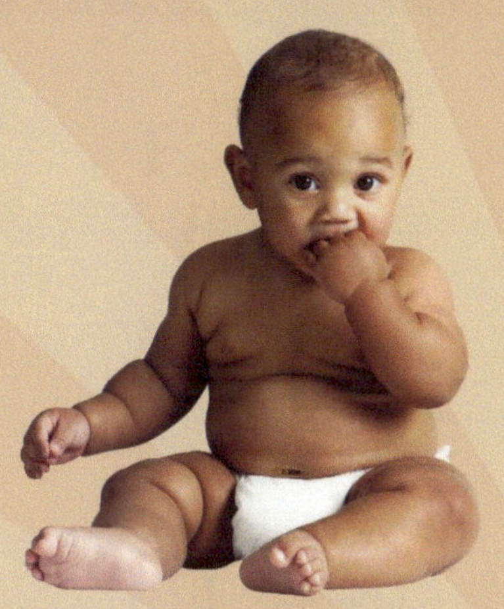

corpo

keho

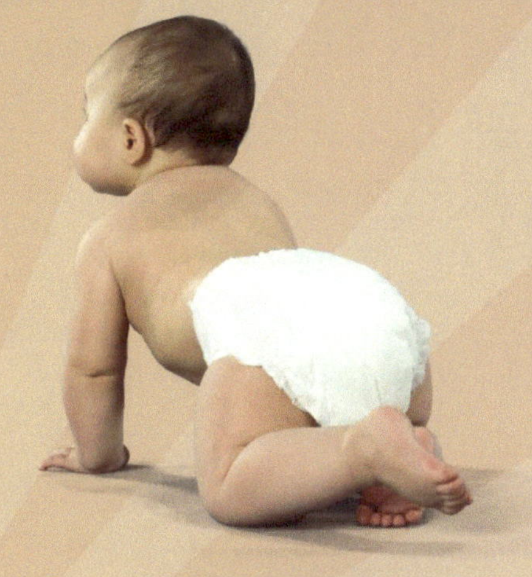

schiena

selkä

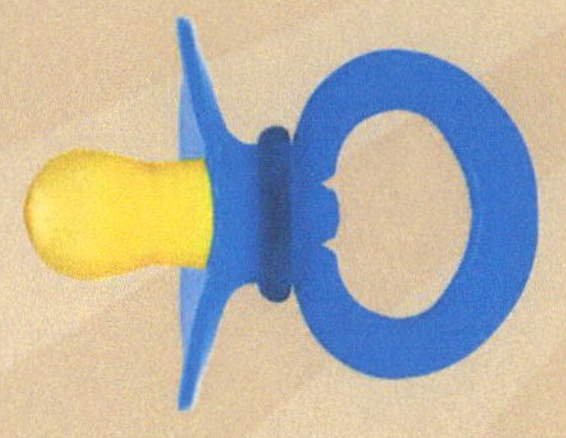

ciuccio

tutti

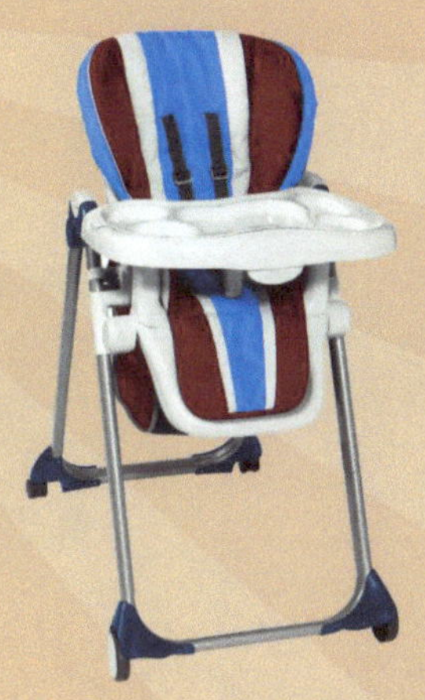

seggiolone

syöttötuoli

sapone

saippua

spazzolino

hammasharja

asciugamano

pyyhe

vasino

potta

anello

rengas

bracciale

rannekoru

collana

kaulakoru

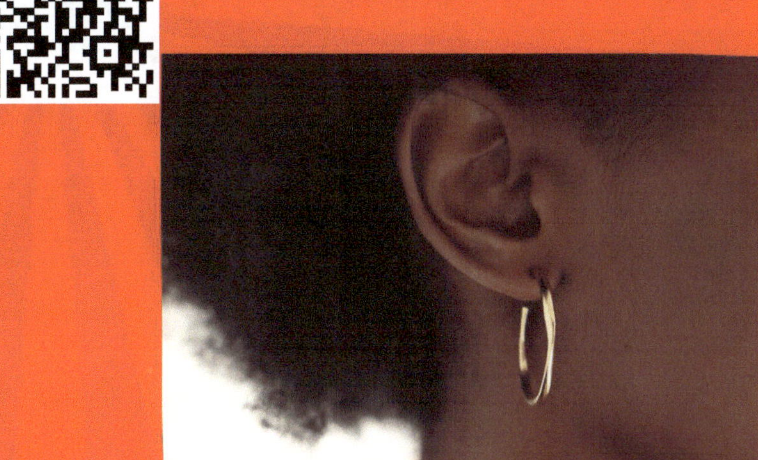

orecchino

korvakoru

cioccolato

suklaa

popcorn

popcorn

marmellata

hillo

pane tostato

paahtoleipä

miele

hunaja

burro

voi

pane

leipä

gelato

jäätelö

semola

mannasuurimot

riso

riisi

pasta

pasta

minestra

keitto

latte

maito

acqua

vesi

succo

mehu

kiwi

kiivi

lampone

vadelma

pompelmo

greippi

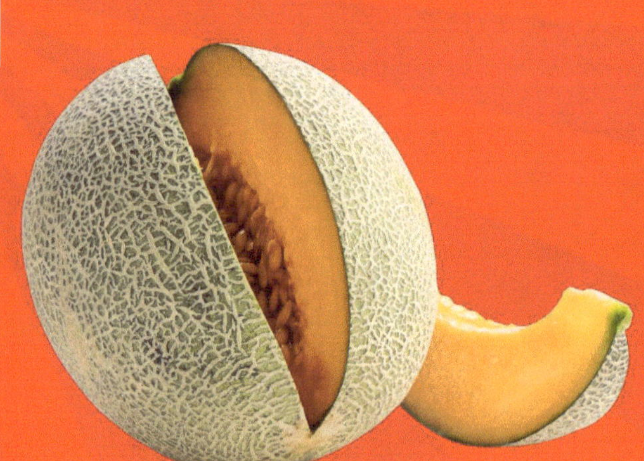

melone

meloni

prugna

luumu

albicocca

aprikoosi

melograno

granaattiomena

fico

viikuna

mirtillo

mustikka

mirtillo rosso

karpalo

cachi

persimoni

litchi

litsi

frutti

hedelmiä

verdure

vihannekset

avocado

avokado

fagiolino

vihreä papu

broccolo

parsakaali

melanzana

munakoiso

piselli

herneet

peperone

paprika

barbabietola

punajuuri

lattuga

lehtisalaatti

indivia

endiivi

carciofo

artisokka

porro

purjo

cipolla

sipuli

aglio

valkosipuli

zenzero

inkivääri

noci

saksanpähkinät

mandorla

manteli

pistacchio

pistaasi

anacardo

cashewpähkinä